INVENTAIRE
V/10310

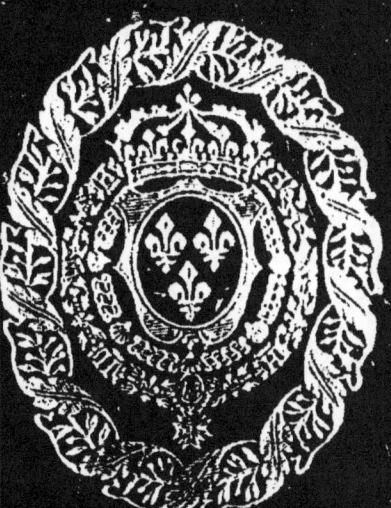

V. 1756.   par M. Charpentier.
1.

EXPLICATION
DES TABLEAUX
DE LA GALERIE
DE
VERSAILLES

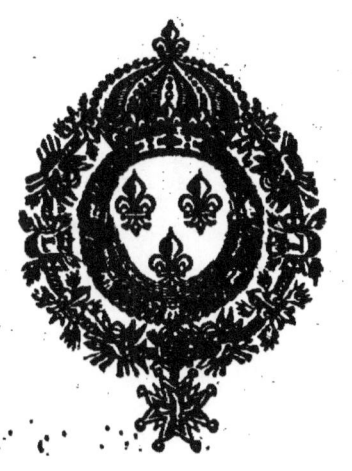

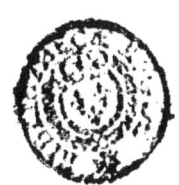

A PARIS,
De l'Imprimerie de FRANÇOIS MUGUET, Imprimeur
ordinaire du Roy.

MDCLXXXIV.
Par ordre exprés de sa Majesté.

EXPLICATION
DES
GRANDS TABLEAUX
DE LA GALERIE
DE VERSAILLES.

PREMIER TABLEAU. Il est au milieu de la Galerie.

LE ROY PREFERANT LA GLOIRE AUX PLAISIRS.

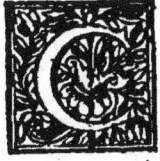OMME on a voulu re- *Deſſein Gene-*
preſenter dans la Galerie *ral des Pein-*
de Verſailles, les princi- *tures de la Ga-*
pales Actions du Roy, depuis *ſailles.*

A ij

GALERIE

qu'il s'est chargé de la conduite de ses Estats, on les a distribuées en Neuf grands Tableaux, & Dix-huit de moindre grandeur, qui sont tous accompagnez d'Inscriptions, pour en faire connoistre le sujet. Les Conquestes du Roy en Hollande, & la seconde Guerre contre l'Espagne jusqu'à la Paix de Nimegue, ont fourny de matiere aux Neuf grands Tableaux. Dans les autres on a peint plusieurs Actions celebres de sa Majesté, faites en divers temps.

Explication du premier Tableau.

Le plus grand Tableau de tous occupe le milieu de la Galerie; Et c'est par celui-là que commence cette Histoire. Ce Tableau nous fait voir sous plusieurs Images Allegoriques, la

DE VERSAILLES.

Disposition generale de la France, dans le temps que le Roy prit en main le Timon du Gouvernement. La France est figurée par une Femme revestuë d'un grand manteau bleu semé de Fleurs de Lys d'or, assise à l'un des coins du Tableau, & qui a un bras appuyé sur un Bouclier, dont le poids semble écraser la Discorde qui est dessous. L'Hymenée couronné de fleurs est à costé de la France. Il tient d'une main son Flambeau, & de l'autre une Corne d'Abondance, pour marquer les heureuses suites du Mariage du Roy. La Seine est plus bas couchée sur son Vrne, d'où sortent de l'Eau & des Fruits meslez ensemble; Et ce Meslange est un tesmoignage de la Fertilité

Premier Tableau.

LA FRANCE.

LA DISCORDE.
L'HYMENE'E.

LA SEINE.

des Provinces qu'elle arrose. Le Roy est au milieu du Tableau, sous un Pavillon magnifique, assis dans un Trône, & posant la main sur un Timon de Navire, en signe de son application au Gouvernement. Il est peint dans la premiere fleur de la Ieunesse, & derriere son Trône l'on a placé les trois Graces, pour exprimer les charmes inseparables de sa personne. La Tranquillité est auprés de luy, representée par une Femme assise, qui laisse tomber negligemment sa teste sur sa main gauche, & de l'autre maintient une Grenade (qui est la marque de l'Vnion des Peuples sous la Puissance Souveraine) Ce qui designe la profonde Paix dont la France joüissoit en ce

Premier Tableau.
LE ROY.

LES TROIS GRACES.

LA TRANQUILLITE'.

temps-là, tant au dedans du Royaume, qu'au dehors. Au pied du Trône on voit plusieurs Enfans nuds qui jouënt ensemble; Et par ces Enfans on a voulu figurer les Genies de toutes sortes de Plaisirs, & de Divertissemens. En cet endroit la Gloire se presente au Roy, sous l'apparence d'une Femme admirablement belle, soustenuë en l'air, & qui tient à la main une Couronne d'or enrichie d'Estoiles. Minerve qui est à costé du Roy, & Mars qui est plus haut, luy font remarquer l'éclat de cette Couronne, pour signifier que la Sagesse & la Valeur devoient luy procurer cette glorieuse recompense. Le jeune Monarque paroist transporté à l'aspect de la Gloire & de la Cou-

Premier Tableau.

LES GENIES DES PLAISIRS.

LA GLOIRE.

MINERVE.
MARS.

8 GALERIE

Premier Tableau.

ronne qui luy est offerte, sans avoir plus d'attention, ni à la Tranquillité de son Bonheur, ni à la Diversité des Plaisirs dont il est environné.

LE TEMPS.

Le Temps qui est au dessus de la teste de Minerve, leve un des coins du Pavillon sous lequel le Roy est assis, pour montrer que le Temps devoit découvrir les qualitez Heroïques de ce Prince. Dans une partie du Ciel plus élevée on voit d'autres

JUPITER, JUNON ET AUTRES DIVINITEZ.

Divinitez, comme Iupiter, Iunon, Neptune, Vulcan, Pluton, Hercule, Diane, Ceres, la Victoire & la Renommée, qui par leurs regards favorablement tournez sur le Heros, font juger qu'ils applaudissent à l'amour qu'il a pour la Gloire, & qu'ils luy promettent leurs secours.

Le

DE VERSAILLES. 9

Le Soleil fur fon Char, precedé de l'Eſtoile du Point du jour, ſemble ſe haſter pour ſe trouver à ce grand Spectacle ; Tandis que Mercure vole dans le Vague des Airs, pour aller annoncer par toute la Terre les Vertus du Roy. Il s'avance premierement vers l'Allemagne, l'Eſpagne & la Hollande, qui ſont peintes de l'autre coſté du Cintre, ſous trois figures de Femmes, dont les Attitudes & les Accompagnemens differens, font connoiſtre le Genie & la Fortune de ces trois Nations. L'Allemagne eſt aſſiſe ſur un Nuage fort délié. Elle a la Couronne Imperiale ſur la teſte, & l'Aigle des Ceſars eſt à ſon coſté les aiſles eſtenduës. Sa Contenance eſt extremément fiere &

Premier Tableau.
LE SOLEIL.
L'ESTOILE DU POINT DU JOUR.
MERCURE.

L'ALLEMAGNE.

B

dédaigneuse, mais la legereté du Nuage qui la souſtient, fait voir que ſa Fierté n'eſt fondée que ſur de vaines pretenſions. L'Eſpagne eſt à ſon coſté droit, mais plus bas ; Elle eſt portée ſur un Lion furieux, qui déchire un Roy des Indes couché ſur ſes Threſors. Auprés d'Elle eſt l'Ambition, qui d'une main tient un flambeau allumé, dont elle met le feu à un grand Palais, & de l'autre arrache à un Roy terraſſé, la Couronne qu'il a ſur la teſte. A coſté gauche de l'Allemagne, & plus bas encore que l'Eſpagne, eſt la Hollande, portée auſſi ſur un Lion, qui tient dans ſes griffes un faiſſeau de Sept fleſches liées enſemble, que les Sept Provinces Vnies

DE VERSAILLES. 11

ont choisi pour le Symbole de leur confederation. Elle a un Trident à la main gauche, & de la mesme main, Elle tient le bout d'une longue Chaisne, à laquelle est attachée par le Bras une Femme nuë assise à Terre, & qui a l'Air fort triste. Sa Couronne de Corail fait connoistre que c'est Thetis, & la Chaisne montre combien cette Republique s'estoit renduë puissante sur Mer, principalement pour le Commerce, qu'elle se vouloit attirer à Elle seule. Dans le coin du Tableau & dans le lointain, on voit plusieurs vaisseaux qu'on équippe, ou qui partent du Port, pour signifier les voyages de long cours, dont ces Peuples ont tiré tant d'avantages.

Premier Tableau.

GALERIE

Il est à costé gauche du grand Tableau au dessus des fenestres.

SECOND TABLEAU.

LE CONSEIL DE GUERRE.

L'Amour de la gloire ayant prevalu dans l'Esprit du Roy, Il n'eut plus d'autres soins que d'asseurer le Bonheur de ses Sujets, & de soustenir hautement la Dignité de sa Couronne. Ces matieres sont traitées dans les Dix-huit petits Tableaux de la Galerie, où l'on voit ce que le Roy fit alors pour le Reglement des Finances ; Pour la Reformation des Loix ; Pour la Punition des Duels ; Pour l'Avancement des beaux Arts ; Pour le Restablissement de la Navigation ;

DE VERSAILLES. 13

Pour le Secours de ses Alliez; Pour la Preseance de ses Ambassadeurs; Pour la Défense des Droits de la Reyne, d'où vint la premiere guerre contre l'Espagne; Ce qui sera expliqué plus amplement dans la description particuliere de chaque petit Tableau.

Second Tableau.

Depuis tout cela, la mauvaise conduite des Estats Generaux des Sept Provinces Vnies, luy ayant offert une nouvelle occasion d'exercer son Courage, le Peintre a choisi cette Guerre pour en faire le sujet de ce Second Tableau, & des Quatre qui le suivent. En celuy-cy, Il n'a point eu d'autre dessein que de nous découvrir les diverses pensées que le Roy peut avoir euës dans

B iij

le temps qu'il deliberoit, s'il attaqueroit cette Republique; Et l'on peut dire qu'il les a exprimées d'une maniere tres-ingenieuse. Le Roy est peint revestu de son manteau Royal, assis sur son Thrône, & dans une Attitude où il paroist beaucoup de Sens froid & d'Attention, qui sont les Dispositions necessaires pour les Deliberations de cette importance. D'un costé, la Valeur representée par Mars ne luy propose que des Triomphes & des Conquestes, & c'est ce qui paroist par l'action de ce Dieu, qui luy montre de la main un Char de Triomphe, où il l'invite d'entrer, comme s'il l'appelloit à une Conqueste asseurée. Pour fortifier ces Esperances il

Second Tableau.

LE ROY.

MARS.

DE VERSAILLES. 15

luy fait voir des Trophées, & des Boucliers où sont les noms des Villes qu'il avoit déja conquises dans la premiere Guerre contre l'Espagne. La Victoire mesme & la Renommée paroissent auprés du Char, l'une toute preste à couronner le Vainqueur, l'autre se disposant à publier par tout sa Gloire. D'autre costé Minerve, qui dans ce langage mysterieux de la Peinture, signifie la Prudence, luy fait faire les justes Reflexions qui doivent preceder de semblables Entreprises. Cette Deesse à qui l'on doit l'Invention de la Tapisserie, se sert de ce moyen pour luy découvrir les difficultez qui pouvoient l'arrester, & dans un Ouvrage qui paroist

Second Tableau.

LA VICTOIRE.
LA RENOMMÉE.

MINERVE.

Second Tableau.

tissu d'or & de soye, Elle luy montre en abregé les malheurs de la Guerre, & ce qu'il y avoit à craindre pour ses Troupes. En un endroit elle luy fait voir des Fleuves rapides où ses Soldats sont noyez. En un autre, Elle luy montre l'Air tout en feu, qui le menace de Chaleurs excessives. Plusieurs Soldats couchez par terre & à demy mourans, sont les Presages des Maladies contagieuses. On y remarque aussi des Froids aigus par toutes les apparences qui peuvent en donner l'Idée. On y voit des Arbres dépoüillez de feüilles, & que les Frimats ont blanchis; Et mesme dans le haut de

L'HIVER. la Tapisserie, on apperçoit l'Hiver sous la figure d'un Vieillard, qui

DE VERSAILLES. 17

qui étouffe un Soldat entre ses bras, pour exprimer la rigueur de cette Saison. L'Envie entourée de serpens paroist au milieu d'un champ aride, pour luy faire comprendre combien sa valeur luy attireroit d'Envieux & d'Ennemis. Cependant la Iustice qui est derriere le Throne du Roy, semble le determiner. La presence de cette Divinité fait voir qu'elle avoit presidé à ses Conseils, & que c'est elle qui luy inspira alors tout ce qu'il a depuis si heureusement executé.

Second Tableau.

LA JUSTICE.

TROISIESME TABLEAU.

Il est à costé droit du grand Tableau au dessus des fenestres.

LES PREPARATIFS DE LA GUERRE.

CE troisiesme Tableau nous fait voir les preparatifs de la Guerre contre la Hollande. Le Roy est representé debout. La Prevoyance est à coste de luy, sous la figure d'une Femme qui tient un Livre ouvert & un Compas. Par le Livre ouvert, on signifie qu'Elle fait tout avec connoissance ; Et par le Compas on nous designe les justes mesures qu'Elle sçait prendre. On l'a placée auprés du Roy, pour montrer qu'en toutes sortes d'occasions, cette sage Prevoyance

LE ROY.

LA PRE-VOYANCE.

DE VERSAILLES. 19 *Troisiesme Tableau.*

l'accompagne. La Vigilance qui LA VIGILANCE. est encore une vertu necessaire à la Guerre, paroist au plus haut du Tableau, comme ayant eû beaucoup de part à cette entreprise. Elle est representée par une Femme aislée, qui tient d'une main une Horloge de sable, & de l'autre un Coq avec un Esperon. Les Aisles signifient l'Activité ; l'Horloge de sable, le bon usage du Temps; le Coq, l'Attention; & l'Esperon, la Promptitude; Qualitez necessaires à la Vigilance, qui doit estre tout ensemble Agissante, Menagere du Temps, Attentive à tout, Prompte dans l'execution. Sur le devant du Tableau, Neptune NEPTUNE. paroist dans un Char tiré par deux chevaux Marins, & vient

C ij

Troisiesme Tableau. se presenter au Roy en s'approchant du Rivage. Le Roy luy tend la main en tesmoignage d'Alliance, & comme acceptant le secours de ce Dieu pour ses Armées Navales.

MINERVE. Minerve soustenuë en l'air au dessus du Roy, semble luy aller poser sur la Teste un Casque d'or; Et comme cette Deesse preside à l'Entendement, cet habillement de Teste qu'elle luy donne, composé de la matiere la plus precieuse & la plus incorruptible de toute la Nature, peut estre pris pour une image de toutes les Vertus intellectuelles dont elle pourvoit les Heros.

MERCURE. Mercure luy presente pareillement un Bouclier; Et parce qu'il est le Dieu de l'Eloquence, on peut dire que ce

Bouclier offert de sa main, est un Symbole de cette qualité admirable ; puisque l'Eloquence sert de bouclier aux Souverains, pour défendre leurs Droits par la Raison, avant que de les soustenir par la voye des Armes. Vulcan accompagné d'un Cyclope luy offre aussi une paire d'Armes d'un acier tres-poly, avec des faisseaux de Piques & d'Epées. Mars luy amene des Soldats. Apollon, Pluton & Ceres sont encore en divers endroits du Tableau, & semblent chacun en particulier luy promettre ce qui dépend d'eux. Apollon & Pluton sont sur des nuages. L'un donne ses ordres pour le bastiment d'une Forteresse. L'autre a déja répandu aux

Troisiesme Tableau.

VULCAN.

APOLLON. PLUTON.

Troisiesme Tableau.

CERES.

L'ABONDANCE.

pieds du Roy ses Thresors figurez par plusieurs vases remplis de pieces d'or. Ceres est aussi en l'Air & suivie de l'Abondance, s'approche de ce Monarque pour signifier qu'elle devoit prendre soin de la subsistance de ses Troupes. Dans l'Esloignement on voit toutes sortes d'Ouvriers occupez aux bastimens des Vaisseaux ou des Forteresses, & à tous les autres travaux Militaires.

QVATRIESME TABLEAV.

LES QUATRE SIEGES.

Il est à costé gauche du grand Tableau au dessus des Miroirs.

ICy le Roy commence à entrer en action contre les Hollandois, qui avoient attiré sur eux sa Colere par leur Ingratitude. Le Roy est debout; A sa main droite est Monsieur Duc d'Orleans, avec le Prince de Condé. De l'autre costé est le Vicomte de Turenne, tous peints au naturel. Le Roy semble consulter avec eux, sur la pensée qu'il a d'attaquer en mesme Temps quatre Places, Vesel, Burich, Orsoy & Rhimbergue, dont il leur fait remarquer

LE ROY.
MONSIEUR.
LE PRINCE DE CONDE'.
LE VICOMTE DE TURENNE.

24　　　*GALERIE*

Quatriesme Tableau.
MINERVE.

L'AMOUR DE LA GLOIRE.

LE SECRET.

la situation sur une Carte du Pays. Minerve qui est en l'Air, soustient la Carte par en haut, & l'Amour de la Gloire figuré par un Enfant aislé couronné de Laurier, semble l'estendre par le costé ; pour signifier qu'il est de la souveraine Prudence & du veritable Amour de la Gloire en un Conquerant, de ne rien negliger de tout ce qui peut contribuer à sa Victoire, comme de s'informer exactement de l'estat des lieux qu'il veut attaquer. Là mesme, paroist un jeune Garçon d'un air fort serieux, portant un doigt sur sa bouche, ce qui represente le Secret selon l'ancienne doctrine des Egyptiens. Il est derriere le Roy, & tient son habillement de Teste,

pour

pour montrer qu'il est le Depositaire de ses resolutions, & que tous ses desseins sont couverts d'un secret impenetrable. La Prevoyance est au mesme endroit, figurée par une Femme assise avec son Compas à la main, pour nous faire entendre que les Demarches du Roy estoient compassées si juste, qu'elles ne pouvoient manquer de produire quelque fameux Evenement; La Vigilance qui est encore une cause ordinaire des plus grands succés, paroist en l'Air, comme un nouveau garend du bonheur de cette entreprise. La Victoire mesme vole devant ce Monarque, & trace en quelque façon la route qu'il doit tenir. Mars fait voir aussi qu'il a

Quatriesme Tableau.

LA PREVOYANCE.

LA VIGILANCE.

LA VICTOIRE.

MARS.

D

Quatriefme Tableau.

LA GLOIRE

embraffé ouvertement fon party, en mettant les Fleurs de Lys fur fon Bouclier, & en animant fes Soldats qui femblent fe difpofer à partir; Et la Gloire compagne infeparable des actions celebres, eft au deffus de luy toute prefte à le reveftir de fon Eclat.

CINQVIESME TABLEAV.

LE PASSAGE DU RHEIN A TOLHUIS.

Il occupe toute la voute, comme celuy qui est au milieu de la Galerie.

CE Tableau nous represente le passage de Tolhuis, où les François traverserent le Rhein à nage, & s'ouvrirent un chemin pour entrer dans les plus riches Provinces de la Hollande. Et afin qu'on n'en pust pas douter, on a mis à l'extremité du Tableau, à main droite, une Victoire, qui tient un Estendart, dans lequel est écrit ce mot TOLHUIS.

Cet évenement presque incroyable a fourny au Peintre

Cinquiefme Tableau.
LE ROY.

des idées dignes de son sujet. Le Roy est sur un Char de Guerre, tiré par deux Chevaux. La Rapidité du mouvement est marquée par l'action des Chevaux, qui s'élancent impetueusement, & par l'Air de teste du Roy, dont les Cheveux sont repoussez en arriere par le vent. Il tient en main un Foudre allumé, & il a le bras estendu pour le lancer contre ses Ennemis. Il paroist animé de Colere, mais d'une Colere pleine de Raison & de Majesté, & qui excite en mesme temps la Terreur & le Respect. Le Char passe sur un amas de Figures renversées, ce qui fait voir que le Roy a surmonté tous les obstacles qui s'estoient presentez à luy. Vne Femme vestuë d'une Robe de Brocat d'or, & *Cinquiefme* la Couronne en teste, represen- *Tableau.* tant l'Espagne, s'avance pour ar- L' ESPAGNE rester le Char du Victorieux, mais l'inutilité de son dessein paroist, en ce qu'au lieu de se jetter à la bride des Chevaux, par où il semble qu'elle pouvoit les arrester, elle s'attache à un de leurs traits, ce qui ne sert qu'à la mettre en estat d'estre emportée elle-mesme. Tandis qu'elle fait cet effort, elle tient un Masque en sa main, dont elle se couvre le Visage, pour signifier que ce n'estoit que par de secrettes pratiques qu'elle nuisoit à la France, sans oser se declarer ouvertement contre Elle. D'ailleurs, plusieurs Divinitez s'interessent à la Victoire du Roy.

GALERIE

Cinquiesme Tableau.

HERCULE. Hercule qui est l'image de la vertu Heroïque, pousse le Char d'une main par dessus les flots, pour nous faire entendre qu'il prenoit part aux travaux de ce nouvel Hercule, qui alloit punir la Temerité des derniers Enfans de la Terre.

LE RHEIN. Le Rhein fier de la profondeur & de la rapidité de ses Eaux, s'épouvante de cette maniere inouye de les passer.

LA GLOIRE. MINERVE. La Gloire & Minerve soustenuës en l'air, precedent le Roy, pour signifier que la Prudence l'avoit conduit où la Gloire l'appelloit. Les Victoires & les Renommées volent de toutes parts.

LA' HOLLANDE. La Hollande est surprise & chancellante à l'aspect du Vainqueur. Elle est representée par une Femme qui tient un Bouclier, où se lit encore une partie de cette insolente Inscription, qui insultoit tous les Potentats de l'Vnivers. Son Ambition paroist terrassée sous la figure d'un Homme aislé couché sur le ventre, & dont les aisles sont à moitié coupées. Il tient d'une main une Couronne qui luy échappe, & qui semble sortir du Tableau. Le desordre de son Commerce est figuré aussi par un Homme étendu sur le dos, entre plusieurs balots de Marchandises, & qui tient à la main un Livre de compte, dont les feüillets paroissent broüillez. Derriere luy est une grosse Bourse entr'ouverte, que sa cheute semble avoir renversée, & dont l'argent se répand à terre.

Cinquiesme Tableau.

Cinquiesme Tableau.

La Ruine de ses forces Maritimes est pareillement designée par un Matelot, qui tombe la teste la premiere, & qui se retient avec peine à une Ancre de Navire. Plusieurs Femmes effrayées representent les Villes de Vesel, Burich, Orsoy, Rhimbergue, qui furent attaquées les premieres, & emportées en mesme temps. Leurs noms qu'on a placez dans leurs Boucliers les font reconnoistre. Dans l'extremité du Tableau on voit des Hommes qui presentent de loin au Roy les clefs des Forteresses, ce qui marque la consternation des Peuples. De l'autre costé du Cintre la Ville de Maestrich est pareillement figurée par une Femme qui tombe à terre aprés s'estre

VESEL.
BURICH.
ORSOY.
RHIMBERG.

MAESTRICH.

DE VERSAILLES. 33

s'eftre défenduë l'Efpée à la main contre Mars, qui luy arrache fon Bouclier où fon nom eft écrit; Pour faire entendre, que la Valeur du Roy avoit reduit fous fon Pouvoir cette Ville, qui fe croyoit Invincible dans fa défenfe, dont le Bouclier eft le Symbole ordinaire. Au deffus de ces deux Figures eft un gros nuage, fur lequel font plufieurs Victoires, qui tiennent des Boucliers chargez des Noms & des Armoiries de quantité de Villes qui furent alors prifes par les François, Comme Zutphen, Nimegue, Vtrecht &c. L'Europe, reprefentée fous la figure d'une Femme qui tient par la bride un Cheval fougueux, paroift eftonnée de tant de grands

Cinquiefme Tableau.

MARS.

L'EUROPE.

E

Cinquiesme Tableau.

LES AMERICAINS.

Exploits; Et cet estonnement se communique jusqu'aux Peuples du nouveau Monde, qui sont peints dans un coin du Tableau, & qui en effet environ ce mesme temps, furent les tesmoins des Victoires que l'Armée Navale de sa Majesté remporta contre les Hollandois dans l'Amerique.

SIXIESME TABLEAU.

Il est au fonds de la Galerie, au dessus de la Porte du costé des Apparte-mens.

UNION DE L'ESPAGNE, DE L'ALLEMAGNE, ET DE LA HOLLANDE CONTRE LA FRANCE.

LE memorable passage du Rhein, & la prise des meilleures Villes de la Hollande avoient jetté tant de frayeur dans l'Esprit des Allemans, des Espagnols & des Hollandois, qu'ils creurent leur perte inévitable, s'ils ne s'unissoient ensemble, pour s'opposer d'un commun effort aux progrés des

Sixiesme Tableau.

L'ALLEMAGNE.

L'ESPAGNE.

Armes du Roy. Cette Alliance est icy representée sous l'Image de trois Femmes qui se donnent la main, & sur le visage desquelles on a adroittement exprimé les Passions differentes dont ces Nations estoient alors agitées. L'Allemagne est assise au milieu, tousiours fiere du Titre de l'Empire Romain. On découvre sur son visage un Estonnement meslé de Repentir, & ces deux sentimens se font connoistre par son bras estendu, & par ses yeux tournez vers le Ciel. L'Espagne paroist transportée de Dépit & de Ialousie, & ses Levres entr'ouvertes comme si elle grinçoit les dents, sont les marques du trouble où elle est. Elle se montre à visage découvert aprés avoir osté le Masque sous lequel elle avoit tousiours esté cachée, & qui luy demeure encore à la main. La Hollande est extrémement effrayée. Elle a la teste en desordre, & les cheveux épars, & il semble qu'en tenant l'Espagne par la main, Elle apprehende qu'elle ne luy eschape, comme si cette Alliance estoit l'unique remede à son Desespoir. L'Allemagne met sa main sur les deux autres, pour conserver cet Air de Superiorité qu'elle affecte. Derriere Elles on voit la Terreur, la Ialousie & la Crainte sous d'autres figures de Femmes, accompagnées de certains Symboles qui les font reconnoistre. La Terreur tient un flambeau dont la Lueur funeste effraye

Sixiesme Tableau.

LA HOLLANDE.

LA TERREUR.

E iij

tous ceux qu'elle approche. La Ialouſie ronge ſon propre Cœur, pour montrer que ſon poiſon agit contre elle-meſme. La Crainte a ſous ſon bras un Lievre qui eſt le plus timide de tous les Animaux ; Et ces Paſſions ſont icy placées, pour ſignifier qu'elles ont inſpiré cette Vnion contre la France. Du haut de la voute, il ſe détache des Renommées, qui embouchent leurs Trompettes, & deſcendent en publiant les Victoires du Roy. Il y en a une, qui pour marquer la celerité de ſes Conqueſtes, porte en écrit dans la Banderolle de ſa Trompette, ces trois mots fameux de Iules Ceſar, *Veni, Vidi, Vici*; Et le bruit qu'on peut croire qu'elles font, cauſe

Sixieſme Tableau.
LA JALOUSIE.

LA CRAINTE.

DE VERSAILLES. 39

en apparence une partie du trouble peint sur le visage des Femmes qui representent l'Espagne & l'Allemagne ; Pour nous insinuer, que la seule Reputation des Armes du Roy avoit soulevé contre luy ces deux Puissances. Dans l'un des coins du Tableau, on voit comme une ouverture, de l'Antre des Cyclopes, où l'on apperçoit au travers de la Flamme & de la Fumée, des Hommes nuds qui forgent des Armes. Quelques-uns d'Entr'eux apportent celles qui sont deja forgées, aux pieds de l'Allemagne & de la Hollande ; Et d'Autres en mesme temps semblent avoir impatience de les retirer. Et ces Armes nouvellement fabriquées, que l'on porte & que

Sixiesme Tableau.

Sixiesme Tableau. l'on rapporte, representent les nouvelles Levées qui furent faites alors de tous costez par les Ennemis, & lesquelles ne firent que de fausses démarches, par la mauvaise disposition des ressorts qui devoient les faire agir. A l'autre coin on voit plusieurs Princes qui s'attroupent contre la France, & qui sont reconnoissables par leurs Boucliers, où leurs Armoiries sont peintes. Ces Figures paroissent faire des mouvemens opposez, & c'est par ce moyen que l'on a voulu exprimer le peu d'intelligence qui regnoit alors entre ces Princes, & qui rendit sans effet toutes leurs mauvaises Intentions.

SEPTIESME

SEPTIESME TABLEAU.

Il est à costé du Tableau du milieu de la Galerie, au dessus des Miroirs.

LA SECONDE CONQUESTE DE LA FRANCHE COMTE'.

LEs Espagnols ayant declaré la Guerre au Roy, en consequence de leur Traitté avec la Hollande, le Roy resolut de les attaquer, & de porter le premier effort de ses Armes dans la Franche Comté, dont la Conqueste fut achevée en tres-peu de temps. Cette Province est figurée par une Femme au desespoir, & qui tend au Roy les clefs de ses Villes, en s'arrachant les cheveux. Elle est renversée sur

LA FRANCHE COMTE'.

F

Septiesme Tableau.

L'E ROY.

LE DOUX.

MARS.

un tas de Boucliers, où sont les noms des Places conquises. Le Roy est debout, appuyé sur un baston de Commandement. A ses pieds paroist un Dieu de Fleuve sous la figure d'un Homme nud, couché entre deux Vrnes, d'où il sort de l'eau abondamment. Ce Fleuve est le Doux, & ces deux Vrnes signifient qu'il estoit extraordinairement enflé quand l'Armée Françoise entra dans le Pays. Mars qui est à costé du Roy, luy offre les Villes de la Province representées par plusieurs Femmes éplorées & assises à Terre, entre lesquelles il y en a qui se couvrent la teste de Honte & de Douleur, pour montrer que le Roy les avoit subjuguées malgré leur Aversion & leur

Resiſtance. Dans une partie plus élevée du Tableau, Hercule, qui eſt le Symbole de la vertu Heroïque, gravit ſur un Rocher la Maſſuë levée, pour combattre un Lion & un Homme armé, qui ſemblent en deffendre le haut. Minerve eſt à coſté de luy, & s'avance avec la meſme ardeur; Et ſous cette Idée le Peintre a voulu exprimer la reſolution vrayment Heroïque du Roy, qui fit attaquer en plein midy, la Citadelle de Beſançon, ſituée ſur la pointe d'un Rocher eſcarpé, dont on ne pouvoit approcher qu'avec beaucoup de Peril & d'extrêmes Difficultez. Minerve accompagne Hercule, pour nous inſinuer que ce fameux Exploit n'eſtoit point un emportement

Septieſme Tableau.
HERCULE.

MINERVE.

F ij

Septiesme Tableau.

LES VENTS.

de Valeur, mais une action où la Prudence avoit aussi beaucoup contribué, veu la maniere avec laquelle cette Attaque fut conduitte. Le Lion & l'Homme d'Armes qui deffendent le haut du Rocher designent les Troupes d'Espagne qui en furent chassées, comme il paroist par des Hommes precipitez, & par des Soldats qui fuyent. En cet endroit le Ciel est couvert d'un brouïllars épais, au travers duquel on entrevoit quelques Signes du Zodiaque. Les Vents figurez par plusieurs jeunes Garçons à joües enflées, soufflent de toute leur force un Air noir & pluvieux ; pour marquer les pluyes extraordinaires qui regnerent en cette année-là jusqu'à la fin du

DE VERSAILLES. 45

mois de May. A l'extremité du Tableau, à main droite, on voit sur la branche d'un arbre à moitié sec, un Aigle effrayé qui crie & qui bat des aisles, ce qui marque les vains efforts que firent les Allemans, pour empescher que le Roy ne se rendist maistre de la Franche Comté. Au dessous de l'Aigle est un Suisse l'Espée à la main, & le Bouclier sur le bras, qui semble se retirer ; Pour faire entendre que les Suisses aprés s'estre d'abord émeus de cette Guerre, resolurent à la fin de ne s'en point mesler. A l'autre costé du Tableau, la Victoire monte sur un Palmier, pour y attacher des Boucliers, & en dresser un Trophée. Elle tient deux Couronnes de

Septiesme Tableau.

LA VICTOIRE.

F iij

Septiefme Tableau.

LA RENOM-MÉ'E.
LA GLOIRE.

Laurier, à cause des deux Conquestes de cette Province. La Renommée est en l'air au dessus du Roy, & la Gloire est plus haut encore, toute éclattante de Lumiere, aprés avoir percé le nuage qui sembloit luy faire obstacle. Elle a dans sa main un Cercle d'or, qu'Elle avance en estendant le bras, & comme Elle a les yeux fixement attachez sur le Roy, il paroist que ce n'est que pour luy qu'Elle a preparé cette Couronne.

CHARPENTIER,
De l'Academie Françoise.

Fin de l'Explication de Sept grands Tableaux de la Galerie de Versailles.

EXPLICATION
DES
PETITS TABLEAUX
DE LA GALERIE
DE VERSAILLES.

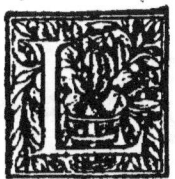ES Petits Tableaux de la Galerie de Verſailles ſont dans les intervales des Grands, & forment ſix larges Bandes qui partagent toute la Voute d'Eſpace en Eſpace. Sur chaque Bande il y en a trois. Celuy du milieu, & que nous

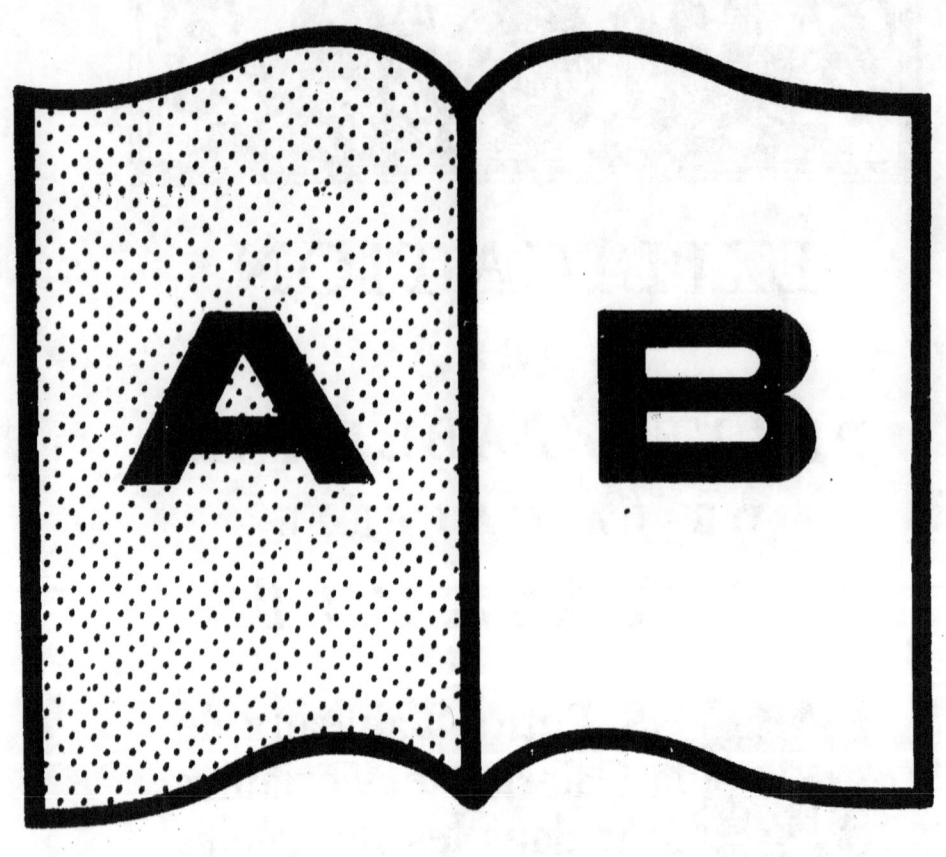

Contraste insuffisant
NF Z 43-120-14

regarderons toufiours le premier, eſt à l'endroit de la clef de la voute, & eſt different des deux autres, en ce qu'il n'eſt peint que de Bleu ombré ſur un fonds d'or, en maniere de Bas relief, & que ſa Bordure eſt à huit pans. Les autres ſont Colorez comme les grands Tableaux, & leur Bordure eſt en ovale. Il importe peu par lequel on commence, parce que les actions du Roy qu'on y a repreſentées ne ſont point rangées ſelon l'ordre des Temps. Ainſi nous commencerons par la premiere Bande de la Voute, qui s'offre en entrant dans la Galerie du côté des Appartemens, & nous continuërons de ſuite.

PREMIER

PREMIER TABLEAU DE LA PREMIERE BANDE.

Il est peint de Bleu ombré, à la clef de la Voute.

LIBERALITÉ DU ROY FAITE AU PEUPLE PENDANT LA FAMINE DE L'ANNÉE 1662.

LA sterilité des années 1660. & 1661. causa une espece de Famine en France, particulierement autour de Paris ; Et le Peuple de cette grande Ville & des environs auroit infiniment souffert, si le Roy n'eust remedié à cette indigence, en faisant venir du bled des Pays Estrangers,

LA CHARITÉ. & le distribuant ensuite aux Particuliers. C'est cette Charité qui est icy représentée, par une Femme aîslée, à qui l'on voit une Flamme sur le haut de la teste. D'une main elle tient une Corne d'Abondance, & de l'autre elle distribuë du Pain à plusieurs Personnes à genoux; ce qui fait voir sous une image naturelle, le Secours que sa Majesté accorda à ses Peuples durant cette calamité Publique.

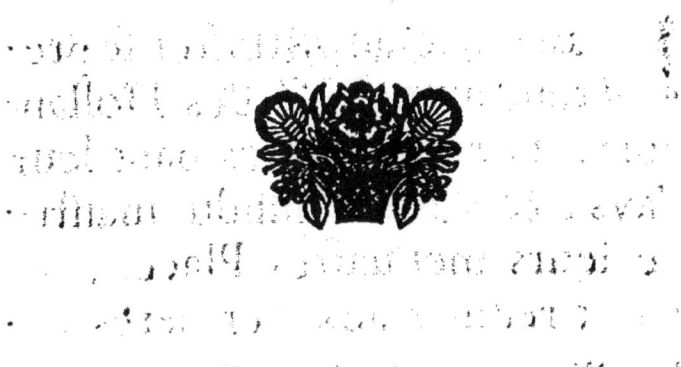

DE VERSAILLES. 51

✳✳✳✳✳✳✳✳✳✳✳✳✳✳✳✳✳✳✳✳✳✳

SECOND TABLEAU *Il est du costé des Miroirs.*
DE LA PREMIERE BANDE.

SECOURS DONNÉ
AUX HOLLANDOIS
ATTAQUEZ PAR L'EVESQUE
DE MUNSTER.

L'Evesque de Munster se pretendant offensé des Hollandois, entra en Armes dans leur Pays, & s'estant rendu maistre de leurs meilleures Places, les alloit reduire aux dernieres extremitez, si le Roy ne les eust

G ij

HOLLANDE ET MUNSTER. secourus. Ces deux Puissances sont representées sous l'Image de deux Femmes qui combattent. Celle qui represente la Hollande est armée d'Espée & de Bouclier, sur lequel son nom est écrit. L'autre est armée de mesme, & le nom de Munster est aussi écrit sur le bord de son Bouclier. On voit sur le Visage de celle-cy beaucoup de Colere & de Desdain pour son Ennemie; Et à juger de la suite de leur Combat, par l'avantage qu'elle semble avoir, on devine aisément que la fin n'en auroit pas esté heureuse pour la Hollande. **LA FRANCE.** Dans ce moment la France figurée par une Femme soustenuë sur un nuage se met entre les deux, & porte la main sur la Victorieuse pour la defarmer. C'est ce que le Roy fit quand il obligea cet Evesque à faire la Paix avec les Hollandois, & qu'il arresta le cours d'une Guerre qui apparemment leur auroit esté fatale.

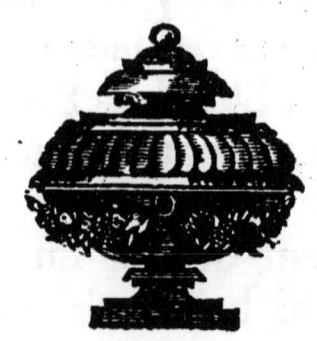

54 GALERIE

<small>Il est du costé des fenestres.</small>

TROISIESME TABLEAU
DE LA PREMIERE BANDE.

REPARATION
DE L'INJURE FAITE
A L'AMBASSADEUR DE FRANCE
A ROME.

LEs Corses de la Garde du Pape ayant fait un Insulte dans Rome à l'Ambassadeur de France, cette Insolence fut desavoüée du Pape, qui envoya en France le Cardinal Chisi son Neveu, avec la qualité de Legat du saint Siége, pour asseurer le Roy du déplaisir que sa Sainteté avoit de ce qui s'estoit passé, & luy en faire satisfaction. Les Corses furent exclus pour jamais de la Garde du Pape, & il fut convenu qu'on esleveroit dans Rome une Pyramide qui contiendroit le narré de cet Attentat, & la Punition qui en avoit esté faite. C'est ce que le Peintre a voulu nous faire voir. La France est representée debout, tenant un papier estendu, dans lequel paroist le dessein de la Pyramide. Rome figurée par une femme vestuë de Pourpre, & qui a la Louve à ses pieds, s'incline devant la France ; ce qui marque la soufmission qu'elle fut obligée de luy faire, non seulement pour éviter les suites d'un si fascheux accident, mais pour se justifier elle-mesme d'une action si universellement condamnée.

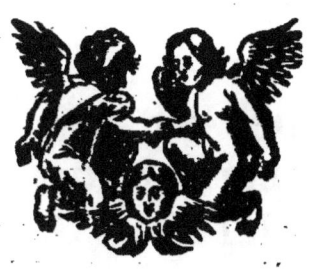

PREMIER

PRMIER TABLEAV DE LA SECONDE BANDE.

Il est peint de Bleu ombré, à la clef de la Voute.

DEFFENSE DES DUELS.

LE Duel est sans contestation une des plus dangereuses pestes de l'Estat, & il y a long-temps que nos Roys ont tasché d'en purger la France. Mais ce Monstre opiniastre n'a jamais esté bien dompté. Sa deffaite estoit reservée à la Sagesse du Roy, & à la Severité salutaire avec laquelle il a puny irremissiblement les Duellistes. Plusieurs Exemples celebres de cette justice inflexible, ont aboly ce Crime, en fermant toutes les voyes à l'Esperance de l'Impunité. C'est le sujet de ce Tableau, où la Iustice, sous la figure d'une Femme qui tient une Espée & des Balances, sepàre des Hommes qui se battent l'Espée à la main, pour montrer qu'elle alloit faire cesser pour jamais ces Combats criminels, qu'une vaine ostentation de Valeur avoit introduits parmy les Hommes.

SECOND TABLEAU DE LA SECONDE BANDE.

Il est du costé des Miroirs.

SECOURS DONNE' A L'EMPEREUR CONTRE LES TURCS EN L'ANNE'E 1664.

LA France a tousiours esté le Bouclier de la Chrestienté, & il n'y a gueres de Princes voisins des Infideles, qui n'ayent eu besoin de son Secours en un temps ou en un autre. Les Turcs en l'année 1664. ne se flattoient pas d'une moindre esperance que d'envahir toute l'Allemagne. Ils avoient jetté de puissantes Armées dans la Hongrie, & les premiers avantages qu'ils remporterent sur les Chrestiens,

H ij

leur en promettoient encore de plus grands. La France opposa une Digue à ce Torrent impetueux. Le Combat de saint Gothard, où les Turcs furent deffaits par les Troupes du Roy, délivra l'Allemagne du danger qui la menaçoit. C'est ce Secours si genereusement & si utilement accordé à l'Empereur, qui se trouve icy representé. La France est figurée par une Femme armée d'Espée & de Bouclier. Les Turcs sont terrassez à ses pieds en signe de leur Déroute, & l'Aigle chancelant s'appuye sur son Bouclier, pour montrer qu'elle l'avoit soustenu durant l'orage, & que c'estoit à la seule Valeur des François que l'Empire estoit redevable de sa seureté.

LA FRANCE.

L'AIGLE DE L'EMPIRE.

DE VERSAILLES.

TROISIESME TABLEAU DE LA SECONDE BANDE.

Il est du costé des Fenestres.

PRESEANCE DE LA FRANCE SUR L'ESPAGNE, MAINTENUE.

QVoy que la Preseance de la France sur l'Espagne soit establie par des Raisons invincibles, & par une Possession immemoriale, les Espagnols ne laisserent pas de vouloir preceder les François en Angleterre, à l'Entrée de l'Ambassadeur de Suede, au devant duquel, selon la coustume ; tous les autres Ambassadeurs envoyerent leurs Carosses. Les François qui allerent à cette Ceremonie, ne croyoient pas se devoir trouver à une Bataille ; Mais les Espagnols qui s'y estoient preparez, les attaquerent d'une maniere cruelle. Ils en coucherent plusieurs sur le carreau, & tuerent les chevaux des Carosses de l'Ambassadeur de France, Aprés quoy rien ne les empescha d'usurper le rang qui ne leur estoit pas deub; ce qui arriva au mois d'Octobre 1661. Vn Attentat signalé comme celuy-là, n'auroit pas manqué de rompre la Paix entre les deux Couronnes, si le Roy d'Espagne, bien loin de soustenir l'action du Baron de

Batteville, ne l'eût hautement condamnée, en le revoquant aussi-tost de son Employ, & en donnant ordre au Marquis de la Fuente son Ambassadeur en France, de declarer au Roy, en presence de tous les Ambassadeurs, Envoyez, & Residens des autres Princes de l'Europe, qui se trouveroient alors auprés de sa Majesté; Qu'il ne pretendoit point que ses Ministres disputassent le pas aux François, & qu'au contraire il leur deffendroit de concourir jamais avec eux. C'est cette soûmission si remarquable que l'on a icy exprimée sous certaines Figures Allegoriques. La France & l'Espagne sont representées sous l'Image de deux Femmes. La Premiere LA FRANCE.

marque dans sa posture beaucoup de Majesté, & mesme un peu de Ressentiment. L'Autre s'avance vers elle d'un Air fort soûmis, & le Lion d'Espagne se couche aux pieds de la France, pour signifier que l'Orgüeil de cette Nation avoit esté obligé de flechir en cette rencontre. Derriere la France paroist la Iustice qui tient ses Balances dans l'Equilibre, pour montrer que cette Déferance de l'Espagne estoit de Droit, & que la Iustice mesme avoit presidé à cette action.

L'ESPAGNE.

LA JUSTICE.

DE VERSAILLES.

PREMIER TABLEAU DE LA TROISIESME BANDE.

Il est peint de Bleu ombré, à la clef de la Voute.

GUERRE CONTRE L'ESPAGNE
POUR LES DROITS DE LA REYNE.

Aprés la mort du Roy d'Espagne, le Roy demanda aux Espagnols les Provinces qui appartenoient à la Reyne son Espouse, & sur leur refus, il se mit en estat d'occuper par la voye des Armes, ce qu'il ne pouvoit obtenir par une Cession volontaire. C'est ce qui causa la premiere Guerre contre l'Espagne,

I

dont on a voulu nous donner icy quelque Idée. Le Roy est representé debout, en action de marcher. Derriere luy est la Iustice & l'Hymenée ; Pour montrer qu'il n'entreprenoit que la deffense d'un Droit legitime, & acquis en consequence de son Mariage. Mars le precede sur un nuage, & semble le conduire; Pour signifier que la Guerre estoit le seul moyen de tirer raison du tort qui luy estoit fait. La Renommée vole encore devant luy, & le rouleau de papiers qu'elle tient, represente les Manifestes que le Roy fit publier alors pour la défense des Droits de la Reyne.

LA JUSTICE.
L'HYMENEE.
MARS.
LA RENOMMEE.

SECOND TABLEAV *Il est du costé des Miroirs.*
DE LA TROISIESME BANDE.

RESTABLISSEMENT
DE LA NAVIGATION.

LA Navigation est trop importante au bien du Royaume pour la negliger. Cependant comme elle estoit fort diminuée lors que le Roy prit le soin de ses affaires, il s'appliqua d'abord à la remettre en son premier lustre, & à rendre la France puissante sur Mer, tant pour le Commerce que pour la Guerre. C'est ce que la Peinture nous explique icy à sa maniere. Le Roy est assis, & tient un Trident à la main. Devant luy est un Matelot qui prend entre ses bras un balot de Marchandise pour l'aller charger sur un Vaisseau qu'on voit proche de là, ce qui nous fait une Image du Commerce, qui consiste principalement dans le transport des Marchandises. Derriere le Roy est une Femme qui tient une Corne d'Abondance, & auprés d'Elle sont des Corsaires Turcs assis à Terre, les mains liées derriere le dos, ce qui marque les avantages de la Navigation, qui d'un costé attire l'Abondance dans le Royaume, & de l'autre met le Roy en estat de purger la Mer de Corsaires.

DE VERSAILLES. 69

TROISIESME TABLEAU
Il est du costé des Fenestres.

DE LA TROISIESME BANDE.

REFORMATION
DE LA JUSTICE.

UNe des principales fonctions de l'Authorité souveraine, est de Donner des Loix aux Peuples quand ils en manquent, ou de Reformer les Anciennes quand il s'y est glissé des abus. C'est ce que le Roy a fait par sa Nouvelle Ordonnance, dans laquelle il a particulierement

I iij

eu pour but d'abolir la Chicane, & de trancher le cours des Procedures inutiles, qui rendoient les affaires immortelles. Pour exprimer un soin si digne du Roy, on l'a representé assis sur son Thrône. D'une main il tient un Livre, & de l'autre un Sceptre. La Iustice est à son costé, tenant ses Balances dans l'Equilibre. Ce Livre designe le Code; Et le Roy le donne à des Iuges qui sont debout auprés de luy. La Chicane est écrasée sous les pieds du Nouveau Legislateur. Elle est peinte sous la figure d'une vieille Femme hideuse à voir, & couchée sur des Sacs remplis de Papiers, qu'elle embrasse comme le seul Bien qui luy reste; Et c'est ce

LA JUSTICE.

LA CHICANE.

DE VERSAILLES. 71

qui arrive effectivement à la plufpart des Plaideurs, à qui les Procés ne laiffent que des Papiers inutiles, aprés les avoir privez des Biens veritables..

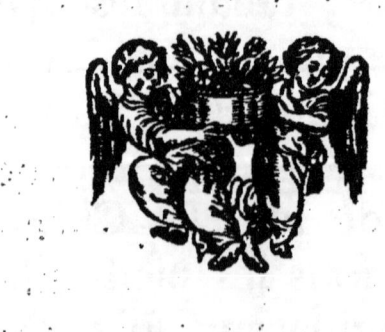

PREMIER TABLEAU
DE LA QUATRIESME BANDE.

Il est peint de Bleu ombré, à la clef de la Voute.

PAIX FAITE
A AIX LA CHAPELLE.

LA premiere Guerre contre l'Espagne se termina par la Paix faite à Aix la Chapelle. Par ce Traitté on demeura d'accord que le Roy retiendroit en toute Souveraineté les Places qu'il avoit occupées dans la Flandre, & qu'il rendroit la Franche-Comté au Roy Catholique. Cette Paix est le sujet de ce Tableau.
Le

DE VERSAILLES. 73

Le Roy est representé debout. LE ROY.
Il tend un rameau d'Olive à l'Espagne, qui est à sa main droite, & qui reçoit de luy ce present avec beaucoup de joye. A costé gauche du Roy est une autre Femme à genoux, qui paroist affligée ; Et cette Figure represente la Franche Comté, qui en LA FRANCHE COMTE'. ce temps-là ne retourna qu'avec regret sous la Domination des Espagnols. La Victoire est au LA VICTOIRE. dessus du Roy, & luy met sur la Teste une Couronne de Fleurs, en signe de Pacification. La Renommée vole en l'air, pour LA RENOMMEE. en porter la nouvelle de tous costez.

K.

Il est du costé des Miroirs.

SECOND TABLEAV
DE LA QVATRIESME BANDE.

ORDRE REMIS
DANS LES FINANCES.

SI la puissance Militaire est le Soustien des Estats, les Finances que l'on appelle ordinairement les Nerfs de la Guerre, sont les Soustiens de la Puissance Militaire. Ainsi le soin des Finances a tousiours occupé les plus grands Princes, qui par ce moyen se rendent redoutables à leurs Ennemis, & se mettent en estat de soulager leurs Sujets. C'est aussi à quoy le Roy s'est particulierement appliqué, & c'est ce que la Peinture n'avoit garde d'oublier en cet endroit. Le Roy est assis, & la France qui est devant luy le regarde d'un Air Suppliant, tandis que Minerve animée de colere, poursuit l'Espée à la main des Harpyes qui s'envolent, & qui en fuyant laissent eschapper des Sacs pleins d'Argent, dont elles s'estoient chargées. Cette Colere de Minerve represente la Prudence du Roy, indignée des abus qui se commettoient dans les Finances ; Et la France Suppliante est un tesmoignage que le Royaume soûpiroit depuis long-temps, aprés une Reformation si necessaire. D'autre costé, & sur le devant du Tableau, on voit une Femme assise sur un Chien, qui tient dans sa main un Livre & une Regle, & qui a auprés d'Elle plusieurs Bourses remplies d'Or & d'Argent. Ce qui nous fait entendre que le Bon Ordre figuré par le Livre & par la Regle, avec la Fidelité marquée par le Chien, sont les sources les plus asseurées des richesses d'un Estat. Le Roy tient d'une main une Clef d'or, & de l'autre s'appuye sur un Gouvernail, pour signifier qu'il vouloit estre luy-mesme le Dispensateur de ses Finances, & qu'en cela consiste une partie du Gouvernement.

LE ROY.

❦

DE VERSAILLES. 77

TROISIESME TABLEAU DE LA QVATRIESME BANDE.

Il est du costé des Fenestres.

PROTECTION
ACCORDE'E AUX BEAUX ARTS.

IL n'y a rien qui rende un Royaume plus florissant que les Sciences & les Arts. C'est pourquoy il a tousiours esté glorieux aux grands Princes de traitter avec beaucoup de Distinction ceux qui s'y addonnent ; principalement quand ils reüssissent. C'est ce qui fait que la France est aujourd'huy la plus noble partie de l'Europe, & que les

K iij

beaux Arts y sont montez au degré de perfection où nous les voyons. Pour marquer donc cette glorieuse Distinction que le Roy a tousiours faite des personnes d'un Merite reconnu, le Peintre a employé ces Figures. *Le Roy est assis, & Minerve* debout est à son costé. Vne Femme qui a une Couronne sur la teste, & un Caducée d'or à la main, se prosterne devant luy; Et par cette Femme on a voulu figurer l'Eloquence. Sa Couronne fait voir qu'elle regne absolument sur les volontez des Hommes, & le Caducée signifie qu'elle appaise leurs differens par la douceur de ses Persuasions, Le Caducée estant un Symbole de Paix. La posture où elle est

[marginalia: LE ROY. MINERVE. L'ELOQUENCE.]

devant le Roy, laisse à juger qu'elle luy demande sa Protection; Et il semble consentir à ce qu'elle desire, Pour montrer ce que le Roy a fait quand il s'est declaré Protecteur de l'Academie Françoise. Derriere Elle, on voit plusieurs autres Femmes, pour representer les autres Arts & les autres Sciences qui ambitionnent aussi les favorables regards de ce Monarque, de qui elles tirent toute leur Gloire.

CHARPENTIER,
De l'Academie Françoise.

Fin de l'Explication de Douze petits Tableaux de la Galerie de Versailles.

www.ingramcontent.com/pod-product-compliance
Lightning Source LLC
Chambersburg PA
CBHW070207230526
45471CB00002B/860